Panés

Stéphan Lagorce

Photos : Éric Fénot
Stylisme : Delphine Brunet

HACHETTE
Pratique

Sommaire

4	**Les classiques**
4	Salgados aux crevettes
6	Salgados au jambon
8	Salgados en sandwich
10	Escalopes viennoises
12	Escalopes milanaises
14	« Côtelettes » Pojarski
16	Cordons bleus au basilic
18	Filets de poisson frits
20	Camembert frit au poivre vert et à l'échalote
22	Cabécous panés au cumin et aux graines de fenouil
24	**Les viandes**
24	Côtelettes d'agneau panées à la provençale
26	Poulet pané aux cacahuètes
28	Steaks hachés panés au poivre et au thym
30	Hachés de veau panés au parmesan
32	Filets de pintade panés au thym et au romarin
34	Filet mignon de porc pané au gingembre
36	Filets de poulet panés aux épices douces et au pain d'épice

38	**Les poissons**
38	Crevettes panées poivre-citronnelle
40	Cabillaud pané à la ciboulette
42	Saumon pané à la citronnelle et aux agrumes
44	Filets de merlan panés aux zestes de citron
46	Julienne frite et panée aux herbes
48	Filet de daurade pané au paprika et à l'estragon
50	Filets de limande panés au four en persillade
52	**Les desserts**
52	Poires panées à la cannelle au four
54	Mangues à la poêle panées aux amandes et au rhum
56	Pommes à la poêle panées à la menthe et aux sablés
58	Figues panées au pain d'épice et au frontignan
60	Poêlée d'ananas pané aux palets bretons et à la vanille
62	Pêches panées aux spéculoos et au porto

Signification des symboles

★ très facile
★★ facile
★★★ difficile

€ bon marché
€€ raisonnable
€€€ cher

Salgados aux crevettes

Pour **4 personnes** (environ **20 salgados**) | Préparation **40 minutes**
Cuisson **8 minutes**
Difficulté ★★★ | Coût ◉◉

- 200 g de queues de crevettes cuites décortiquées
- 200 g de champignons de Paris
- 25 cl de lait
- 2 œufs
- 25 g de beurre
- 300 g de pâte brisée maison ou du commerce bien froide
- 150 g de chapelure
- 20 g de farine
- 2 pincées de noix muscade
- 1 litre d'huile, pour la friture
- Sel et poivre

1. Épluchez les champignons, émincez-les et faites-les cuire quelques minutes avec un peu d'eau, de sel et de poivre. Égouttez et mettez de côté.

2. Dans une casserole, faites fondre le beurre. Ajoutez le lait, la farine, la noix muscade, du sel et du poivre, et fouettez un instant. Portez à ébullition sans cesser de remuer. Quand le mélange a épaissi, retirez du feu.

3. Ajoutez les crevettes et les champignons et laissez refroidir. L'appareil doit être très épais. Étalez la pâte brisée, puis découpez des cercles de 7 à 8 cm de diamètre. Déposez une belle cuillerée d'appareil au milieu des cercles, puis refermez-les pour former des chaussons. Soudez bien les bords de pâte.

4. Battez les œufs et trempez-y les salgados un à un. Panez-les ensuite très généreusement dans la chapelure. Tapotez-les doucement pour faire tomber l'excédent. Faites chauffer l'huile dans une casserole, puis plongez-y délicatement les salgados.

5. Comptez quelques minutes de cuisson, puis égouttez et épongez les salgados dans du papier absorbant. Servez-les bien chauds.

Conseil Vous pouvez déguster les salgados avec un vin rouge portugais de l'Alentejo.

Les classiques

Salgados au jambon

Pour **4 personnes** (environ **20 salgados**) | Préparation **40 minutes**
Cuisson **8 minutes** | Réfrigération **2-3 heures**
Difficulté ★★★ | Coût €€

- 200 g de jambon en dés
- 200 g de champignons de Paris
- 40 cl de lait
- 2 œufs
- 25 g de beurre
- 60 g de farine
- 150 g de chapelure
- 2 pincées de noix muscade
- 1 litre d'huile, pour la friture
- Sel et poivre

1 Épluchez les champignons, émincez-les et faites-les cuire quelques minutes avec un peu d'eau, de sel et de poivre. Égouttez-les et mettez-les de côté.

2 Dans une casserole, faites fondre le beurre. Ajoutez le lait, la farine, la noix muscade, du sel et du poivre, et fouettez un instant. Portez à ébullition sans cesser de remuer. Quand le mélange a épaissi, retirez du feu.

3 Ajoutez les dés de jambon et les champignons. L'appareil doit être très épais. Étalez-le dans un plat, laissez refroidir puis placez au réfrigérateur pendant au moins 2 ou 3 heures. Prélevez l'appareil avec une cuillère à soupe et formez des sortes de boules de la taille d'une noix.

4 Battez les œufs et trempez-y les salgados un à un. Panez-les ensuite très généreusement dans la chapelure. Tapotez-les doucement pour faire tomber l'excédent. Faites chauffer l'huile dans une casserole, puis plongez-y délicatement les salgados.

5 Comptez quelques minutes de cuisson, puis égouttez et épongez les salgados au jambon dans du papier absorbant. Servez-les bien chauds.

Conseil Vous pouvez déguster ces salgados avec un vin de Douro.

Salgados en sandwich

Pour **4 personnes** (environ **20 salgados**) | Préparation **30 minutes**
Cuisson **4 à 5 minutes**
Difficulté ★ | Coût ◉

- 4 grillades de porc de 150 g chacune
- 8 belles feuilles de salade
- 1 citron
- 2 œufs
- 4 morceaux de baguette de 10 cm chacun environ
- 150 g de chapelure
- Farine
- 5 gousses d'ail
- 4 pincées de piment sec
- 1 litre d'huile, pour la friture
- Sel et poivre

1 Faites quelques incisions sur la viande, cela facilitera la cuisson. Hachez les gousses d'ail finement, sauf une. Salez et poivrez la viande, mélangez-la à l'ail et au piment et laissez macérer quelques minutes.

2 Coupez le pain en deux dans la longueur. Frottez la mie avec la gousse d'ail restée entière et passez au grille-pain. Lavez et essorez la salade. Cassez les œufs dans une assiette et battez-les. Versez la farine dans une autre assiette. Pressez le citron.

3 Faites chauffer l'huile dans une casserole. Trempez les grillades de porc dans la farine, dans l'œuf, puis dans la chapelure pour les recouvrir complètement. Tapotez-les doucement avec la main pour faire tomber l'excédent, puis faites-les frire quelques minutes.

4 Égouttez et épongez la viande dans du papier absorbant. Arrosez de jus de citron, puis faites des sandwichs avec le pain et la salade. Servez aussitôt.

À savoir C'est au Portugal que l'on déguste cette spécialité panée, souvent à l'heure du déjeuner.

Escalopes viennoises

Pour **4 personnes** | Préparation **30 minutes** | Cuisson **10 minutes**
Difficulté ★★ | Coût €€€

Pour la garniture
- 12 filets d'anchois à l'huile
- 4 œufs durs
- 70 g de câpres
- 2 citrons

Pour la sauce
- 40 cl de bouillon de bœuf ou de poulet
- 40 g de beurre
- 15 g de farine

Pour la viande
- 4 escalopes de veau de 150 g chacune environ
- 2 œufs
- 2 belles noix de beurre
- 120 g de mie de pain
- 50 g de farine
- Sel et poivre

1. Préparez la garniture : hachez finement les anchois, les œufs durs en séparant les blancs des jaunes, puis les câpres. Coupez les citrons en deux. Répartissez ces ingrédients sur chaque assiette en n'en occupant que le quart environ. Déposez un cordon d'anchois, un de jaunes d'œufs, puis de blancs et enfin un de câpres.

2. Préparez la sauce : faites réduire aux trois quarts le bouillon, puis ajoutez le beurre préalablement mélangé à la farine en fouettant bien. Laissez mijoter 2 ou 3 min, salez, poivrez et gardez au chaud.

3. Préparez la viande : salez et poivrez les escalopes. Cassez les œufs dans une assiette et battez-les. Hachez assez finement la mie de pain au couteau et placez-la aussi dans une assiette. Dans une troisième assiette, versez la farine.

4. Trempez les escalopes dans la farine, dans l'œuf puis dans la chapelure. Dans une poêle, faites mousser le beurre. Faites cuire les escalopes dans le beurre pendant 10 min. Disposez-les sur les assiettes garnies et servez aussitôt avec la sauce à part et les citrons.

Escalopes milanaises

Pour **4 personnes** | Préparation **35 minutes** | Cuisson **30 minutes**
Difficulté ★★ | Coût €€€

Pour la sauce
- 600 g de tomates
- 1 échalote
- 2 gousses d'ail
- 1 bouquet garni
- 3 cuil. à soupe d'huile d'olive

Pour la viande
- 4 escalopes de veau de 150 g chacune environ
- 2 œufs
- 50 g de parmesan râpé
- 2 belles noix de beurre
- 200 g de mie de pain rassise
- Sel et poivre

1. Préparez la sauce : faites chauffer l'huile d'olive à feu assez vif dans une casserole. Ajoutez l'échalote épluchée et hachée. Laissez revenir quelques instants, puis ajoutez les tomates coupées en tranches fines et le bouquet garni. Salez, poivrez, couvrez et laissez mijoter 20 min. Ajoutez les gousses d'ail hachées. Éliminez le bouquet garni. Gardez au chaud.

2. Préparez la viande : salez et poivrez les escalopes. Cassez les œufs dans une assiette et battez-les. Hachez assez finement la mie de pain au couteau et placez-la aussi dans une assiette. Dans une troisième assiette, mettez le parmesan.

3. Trempez les escalopes dans le parmesan, dans l'œuf puis dans la mie de pain. Dans une poêle, faites mousser le beurre. Faites cuire les escalopes dans le beurre pendant 10 min. Disposez-les sur un grand plat et nappez-les aussitôt avec la sauce bien chaude. Servez avec un bol de parmesan râpé à part.

Conseils Décorez le plat avec quelques olives noires et vertes hachées. Parfumez la sauce avec du basilic ou de l'origan.

« Côtelettes » Pojarski

Pour **4 personnes** | Préparation **35 minutes** | Cuisson **25 minutes**
Difficulté ★★ | Coût €€

Pour la viande
- 4 steaks hachés de veau (600 g)
- 250 g de champignons de Paris
- 1 oignon blanc
- Quelques brins de persil plat ou de cerfeuil
- 1 grand verre de lait
- 4 noix de beurre
- 4 tranches de pain de mie, sans croûte
- Sel et poivre

Pour la sauce
- 20 cl de crème fraîche
- 1 cuil. à soupe de fond de veau déshydraté
- 1 cuil. à soupe de paprika

Pour paner
- 2 œufs battus
- 150 g de chapelure fine
- 50 g de farine

1 Faites tremper le pain de mie dans le lait quelques minutes, puis pressez-le dans vos mains. Réservez. Dans une poêle, faites mousser la moitié du beurre et ajoutez l'oignon épluché et haché avec les champignons lavés et hachés. Salez, poivrez et faites cuire 10 min en remuant. Laissez refroidir. Dans un saladier, incorporez ce mélange au veau haché avec le pain trempé, le persil haché, du sel et du poivre.

2 Avec les mains, formez 4 galettes de viande, pas trop fines. Trempez les « côtelettes » dans la farine, dans l'œuf puis dans la chapelure. Dans une poêle, faites mousser le beurre restant. Faites cuire les galettes dans le beurre pendant 10 min.

3 Pendant ce temps, préparez la sauce : assemblez tous les ingrédients, salez, poivrez et faites cuire à feu doux quelques instants. Servez les « côtelettes » panées nappées de sauce, avec des pommes vapeur, par exemple.

Variantes Cette recette peut se faire aussi avec du poulet ou de la dinde.

Cordons bleus au basilic

Pour **4 personnes** | Préparation **35 minutes** | Cuisson **15 minutes**
Difficulté ★★★ | Coût ●

- 4 escalopes de poulet de 150 g chacune environ
- 8 tranches de poitrine fumée
- 8 tranches de mozzarella à cuire (vendue en pain, sous vide)
- 1 citron
- 8 feuilles de basilic
- 2 œufs
- 2 belles noix de beurre
- 150 g de chapelure fine
- 50 g de farine
- Sel et poivre

1 Avec une spatule, aplatissez les escalopes en les tapant plusieurs fois, assez fortement. Salez-les et poivrez-les des deux côtés. Posez-les sur le plan de travail, devant vous.

2 Déposez 2 tranches de poitrine fumée sur chacune d'elles. Retaillez-les si elles dépassent : elles doivent recouvrir le poulet, rien de plus. Déposez par-dessus 2 tranches de mozzarella et 2 feuilles de basilic. Salez, poivrez de nouveau et pliez les escalopes en deux pour former des chaussons.

3 Très délicatement, trempez les cordons bleus ainsi formés dans la farine, dans l'œuf battu puis dans la chapelure pour les recouvrir complètement. Dans une poêle, faites mousser le beurre. Faites cuire les cordons bleus dans le beurre pendant 15 min, en les retournant de temps en temps.

4 Pressez le citron. Servez les cordons bleus bien chauds, arrosées de quelques gouttes de jus de citron.
En accompagnement, vous pouvez opter pour une belle salade verte ou quelques tomates.

Conseil Dégustez ces cordons bleus avec un coteaux-du-languedoc rouge.

Filets de poisson frits

Pour **4 personnes** | Préparation **25 minutes** | Cuisson **2-3 minutes**
Difficulté ★★ | Coût ●●

- 4 filets de poisson ferme (panga, cabillaud)
- 1 botte de ciboulette
- Le jus de 1 citron + 2 zestes
- 2 œufs
- 120 g de chapelure fine
- 50 g de farine
- 3 pincées de noix muscade
- 1 cuil. à soupe de paprika
- 1 litre d'huile, pour la friture
- Sel et poivre

1. Salez et poivrez les filets de poisson. Placez la farine dans une assiette et les œufs battus dans une autre. Hachez finement les zestes et la ciboulette. Mélangez-les avec la chapelure, la noix muscade et le paprika.

2. Faites chauffer l'huile dans une casserole bien sèche ou une friteuse.

3. Trempez les filets de poisson assaisonnés dans la farine, dans l'œuf puis dans la chapelure aromatisée pour les recouvrir complètement. Tapotez-les doucement avec la main pour faire tomber l'excédent, puis plongez-les très délicatement dans la friture.

4. Comptez 2 à 3 min de cuisson, selon l'épaisseur des filets. Égouttez avec précaution, puis épongez dans du papier absorbant. Servez les filets bien chauds, arrosés de quelques gouttes de jus de citron.

À savoir En principe, la recette du filet de poisson frit se fait avec une pâte à beignet dans laquelle on trempe le poisson avant de le cuire. Mais, avec une bonne chapelure aromatisée, le résultat est très séduisant aussi...

Variantes On peut aussi préparer cette recette avec des lanières de filets de poulet, de la dinde, des crevettes ou des noix de coquilles Saint-Jacques.

Camembert frit au poivre vert et à l'échalote

Pour **4 personnes** | Préparation **20 minutes** | Cuisson **4 minutes**
Difficulté ★ | Coût ⓔ

- 1 camembert au lait cru, pas trop « fait »
- 2 œufs
- 2 échalotes
- Le jus de 1 citron + 1 zeste
- Quelques brins de persil plat
- 120 g de chapelure fine
- 3 cuil. à soupe de farine
- 4 belles pincées de curcuma
- 1 cuil. à soupe rase de poivre vert
- 1 litre d'huile, pour la friture
- Sel et poivre

1 Coupez le camembert en 8 morceaux. Salez et poivrez. Hachez assez finement, au couteau ou avec un mixeur, le poivre vert, les échalotes, le zeste de citron et le persil. Dans une assiette, mélangez ces ingrédients avec la chapelure et le curcuma.

2 Versez la farine dans une assiette et les œufs battus dans une autre. Faites chauffer l'huile dans une casserole bien sèche ou une friteuse.

3 Trempez les morceaux de fromage assaisonnés dans la farine, dans l'œuf puis dans la chapelure aromatisée pour les recouvrir complètement. Tapotez-les doucement avec la main pour faire tomber l'excédent, puis plongez le fromage, morceau par morceau, dans la friture.

4 Comptez 4 min de cuisson, en retournant les morceaux pour obtenir une coloration homogène. Égouttez très délicatement, puis épongez dans du papier absorbant. Servez les morceaux de camembert bien chauds avec quelques gouttes de jus de citron.

Conseil Choisissez un camembert pas trop fait, qui se « tienne » encore assez bien.

Variante Vous pouvez aussi utiliser du brie.

Cabécous panés au cumin et aux graines de fenouil

Pour **4 personnes** | Préparation **20 minutes** | Cuisson **2-3 minutes**
Difficulté ★ | Coût ⊜

- 8 cabécous peu « faits »
- 50 g de fromage râpé
- 2 œufs
- 2 noix de beurre
- 1/2 botte de ciboulette
- 100 g de chapelure fine
- 1 cuil. à soupe de graines de cumin
- 1 cuil. à soupe de graines de fenouil
- 1 cuil. à café de cumin en poudre
- Sel et poivre

1 Dans un mortier, écrasez les graines de cumin et de fenouil. Dans une assiette, mélangez-les avec le cumin en poudre, le fromage râpé, la ciboulette hachée et la chapelure.

2 Cassez les œufs dans une autre assiette et battez-les.

3 Trempez généreusement les cabécous dans l'œuf, puis panez-les aussi généreusement dans le mélange au cumin. Pressez un peu la surface des fromages avec la paume des mains pour bien faire adhérer la chapelure.

4 Dans une poêle, faites mousser le beurre. Faites cuire les cabécous dans le beurre pendant 2 à 3 min en le retournant délicatement une ou deux fois. Assaisonnez-les et servez-les aussitôt avec une salade verte.

# Côtelettes d'agneau panées à la provençale

Pour **4 personnes** | Préparation **20 minutes** | Cuisson **7-8 minutes**
Difficulté ★ | Coût ⊜ ⊜

- 8 côtelettes d'agneau secondes
- 1 brin de thym frais
- 10 feuilles de basilic
- 4 feuilles de sauge
- 4 gousses d'ail
- 1 tomate séchée
- 8 olives noires
- 3 cuil. à soupe de chapelure
- Huile d'olive
- Sel et poivre

1. Dégraissez légèrement les côtelettes si nécessaire, puis assaisonnez-les de sel et de poivre. Épluchez les gousses d'ail et ôtez les germes. Effeuillez le brin de thym.

2. Avec un couteau ou à l'aide d'un mixeur, hachez finement l'ail, le thym, le basilic, la sauge, la tomate et les olives noires. Dans une assiette, ajoutez la chapelure à ce mélange parfumé.

3. Panez les côtelettes des deux côtés en les appuyant fortement dans le mélange afin qu'il adhère bien.

4. Faites chauffer un peu d'huile d'olive dans une poêle, à feu moyen, puis faites cuire les côtelettes pendant 7 à 8 min en les retournant très délicatement. Servez avec des demi-tomates saupoudrées de panure parfumée et passées au four.

Conseil Dégustez ces côtelettes d'agneau avec un rosé de Provence ou un vin gris.

Poulet pané aux cacahuètes

Pour **4 personnes** | Préparation **20 minutes** | Cuisson **10 minutes**
Difficulté ★ | Coût €€

- 4 filets de poulet sans la peau
- 1 petit morceau de gingembre frais
- 1 oignon nouveau
- Quelques brins de coriandre
- 1 gousse d'ail
- 1 petite poignée de cacahuètes salées
- 1 œuf
- 2 noix de beurre
- 1 pincée de piment de Cayenne
- 3 cuil. à soupe de chapelure
- Sel et poivre

1 Salez et poivrez les filets de poulet. Hachez finement les cacahuètes. Épluchez la gousse d'ail et ôtez le germe. Épluchez le gingembre. Hachez finement, au couteau ou avec un mixeur, l'ail, le gingembre, l'oignon et la coriandre.

2 Dans une assiette, mélangez tous ces ingrédients avec le piment et la chapelure. Cassez l'œuf dans une autre assiette et battez-le.

3 Trempez la viande dans l'œuf. Panez ensuite les filets dans la chapelure en essayant de bien les enrober.

4 Faites chauffer le beurre dans une poêle, à feu moyen. Mettez-y les filets à cuire pendant 10 min, en les retournant très délicatement. Servez avec des courgettes sautées à la poêle ou cuites à la vapeur.

Steaks hachés panés au poivre et au thym

Pour **4 personnes** | Préparation **10 minutes** | Cuisson **5-8 minutes**
Difficulté ★ | Coût ◉ ◉

- 600 g de bœuf haché
- 1 brin de thym frais
- 1 belle noix de beurre
- 2 cuil. à soupe de poivre en grains
- Gros sel

1. Dans un saladier, mélangez rapidement la viande hachée puis, avec vos mains, formez 4 steaks pas trop épais.

2. Dans un mortier, écrasez les grains de poivre, pas trop finement. Effeuillez le brin de thym et mélangez-le avec le poivre.

3. Panez les 4 steaks en les appuyant fortement dans le mélange poivre et thym. Salez-les avec le gros sel.

4. Dans une poêle, faites mousser le beurre. Mettez-y les steaks à cuire pendant 5 à 8 min, selon les goûts. Servez-les très chauds avec des pommes de terre sautées à l'ail.

Variantes Vous pouvez réaliser de multiples variantes de cette recette en changeant simplement de poivre : poivre blanc, poivre noir, poivre de Sarrawak, poivre du Sichuan. Autant de saveurs nouvelles, originales, plus ou moins fortes et brûlantes, à découvrir...

Hachés de veau panés au parmesan

Pour **4 personnes** | Préparation **15 minutes** | Cuisson **10 minutes**
Difficulté ★ | Coût €

- 4 steaks hachés de veau
- 10 feuilles de basilic
- 100 g de parmesan
- 1 œuf
- 3 cuil. à soupe de chapelure
- 1 pincée de piment de Cayenne
- Huile d'olive
- Sel et poivre

1. Râpez le parmesan. Lavez et hachez finement les feuilles de basilic.

2. Dans une assiette, mélangez le parmesan avec le basilic, la chapelure et le piment de Cayenne. Cassez l'œuf dans une autre assiette et battez-le.

3. Salez et poivrez les steaks hachés de veau. Trempez-les dans l'œuf. Puis panez-les (sur leurs deux faces) dans le mélange au parmesan en appuyant un peu pour bien faire adhérer.

4. Faites chauffer un peu d'huile d'olive dans une poêle, à feu moyen. Mettez-y à cuire les steaks de veau panés pendant 10 min, en les retournant très délicatement. Ne faites pas cuire à feu trop vif car le parmesan colore assez vite. Servez avec des tranches d'aubergines frites ou cuites au four avec un peu d'huile d'olive et de gros sel.

Filets de pintade panés au thym et au romarin

Pour **4 personnes** | Préparation **25 minutes** | Cuisson **10 minutes**
Difficulté ★ | Coût ❸❸

- 4 filets de pintade
- 2 beaux brins de thym frais
- 2 beaux brins de romarin frais
- Quelques brins de persil plat
- 2 gousses d'ail
- 1 œuf
- 2 noix de beurre
- 3 cuil. à soupe de chapelure
- 4 pincées d'origan
- Sel et poivre

1. Ôtez la peau des filets de pintade, puis assaisonnez-les de sel et de poivre. Hachez finement les feuilles du thym, du romarin et le persil. Épluchez les gousses d'ail et ôtez les germes. Hachez finement.

2. Dans une assiette, mélangez les herbes hachées, l'ail et l'origan avec la chapelure. Cassez l'œuf dans une autre assiette et battez-le.

3. Trempez la viande dans l'œuf. Puis, panez les filets de pintade dans la chapelure en essayant de bien les enrober et en appuyant pour faire adhérer.

4. Faites chauffer le beurre dans une poêle, à feu moyen. Mettez-y à cuire les filets de pintade panés pendant 10 min, en les retournant très délicatement pour que la panure ne se décolle pas. Servez avec des fenouils sautés à la poêle ou cuits à la vapeur.

Conseil Pour que la panure adhère mieux aux filets de pintade, ajoutez-y un tout petit peu de Maïzena.

Filet mignon de porc pané au gingembre

Pour **4 personnes** | Préparation **25 minutes** | Cuisson **10 minutes**
Difficulté ★ | Coût ●

- 600 g de filet mignon de porc, coupés en médaillons de 3 cm d'épaisseur
- 2 échalotes
- 1 morceau de gingembre frais gros comme le pouce
- 1 œuf
- 2 noix de beurre
- 3 cuil. à soupe de chapelure
- 2 cuil. à soupe de graines de sésame
- 1 cuil. à soupe de sucre en poudre
- Sauce soja
- Sel et poivre

1. Assaisonnez les médaillons de porc. Épluchez les échalotes et le gingembre. Hachez-les finement.

2. Dans une assiette, mélangez les échalotes, le gingembre, les graines de sésame, le sucre et la chapelure. Cassez l'œuf dans une autre assiette et battez-le.

3. Passez les médaillons de porc dans l'œuf, puis panez-les dans le mélange au gingembre.

4. Faites chauffer le beurre dans une poêle, à feu modéré. Mettez-y à cuire les médaillons panés pendant 10 min, en les retournant très délicatement pour que la panure ne se décolle pas. Servez très chaud, arrosé au dernier moment d'un tout petit trait de sauce soja, avec du riz gluant nature.

Conseil L'ajout de sucre dans la chapelure fait que celle-ci colore assez vite en cuisant. Veillez donc à utiliser un feu doux ou modéré, sans plus.

Filets de poulet panés aux épices douces et au pain d'épice

Pour **4 personnes** | Préparation **20 minutes** | Cuisson **10 minutes**
Difficulté ★ | Coût ◉ ◉

- 4 filets de poulet sans la peau
- Le zeste de 2 oranges
- Quelques brins de coriandre
- 1 œuf
- 2 noix de beurre
- 2 tranches de pain d'épice
- 3 cuil. à soupe de chapelure
- 1 cuil. à soupe de graines de sésame
- 4 belles pincées de gingembre en poudre
- 4 belles pincées de quatre-épices
- 4 belles pincées de cannelle
- 1 pincée de piment de Cayenne
- Sel et poivre

1 Coupez les filets de poulet en trois ou quatre grosses lanières, dans le sens de la longueur, puis assaisonnez-les de sel et de poivre. Hachez finement les tranches de pain d'épice. Mélangez-les avec la chapelure. Hachez finement le zeste des oranges.

2 Hachez la coriandre. Dans une assiette, mélangez-la avec la chapelure, les graines de sésame, les zestes, le gingembre, le quatre-épices, la cannelle et le piment de Cayenne. Cassez l'œuf dans une autre assiette et battez-le.

3 Trempez les filets de poulet dans l'œuf et égouttez-les rapidement. Puis, panez-les dans le mélange à la chapelure en essayant de bien les enrober.

4 Faites chauffer le beurre dans une poêle, à feu moyen. Mettez-y à cuire les filets pendant quelques minutes seulement, pour ne pas les dessécher, en les retournant très délicatement. Servez avec des pommes de terre nouvelles à la vapeur.

Crevettes panées poivre-citronnelle

Pour **2 personnes** | Préparation **20 minutes** | Cuisson **7-8 minutes**
Difficulté ★ | Coût ●●●

- 300 g de queues de crevettes surgelées décortiquées
- 1/2 piment frais ou 1 belle pincée de piment de Cayenne
- 2 tiges de citronnelle fraîche ou surgelée
- Une vingtaine de feuilles de persil plat
- Le zeste de 1 citron
- 2 échalotes
- 1 œuf
- 2 noix de beurre
- 3 cuil. à soupe de chapelure
- 1 cuil. à café de graines de fenouil
- 10 grains de poivre noir
- Sel

1 Épongez les queues de crevettes dans un torchon propre. Salez-les. Écrasez finement les graines de fenouil. Écrasez plus grossièrement les grains de poivre noir. Épépinez et hachez le piment frais. Hachez aussi la citronnelle, le zeste de citron, les échalotes et le persil.

2 Mélangez tous ces ingrédients avec la chapelure dans une assiette. Cassez l'œuf dans une autre assiette et battez-le.

3 Trempez les crevettes deux par deux dans l'œuf. Égouttez-les rapidement, puis panez-les dans le mélange à la citronnelle en essayant de bien les enrober.

4 Dans une grande poêle, à feu modéré, faites mousser le beurre. Mettez-y délicatement les crevettes à cuire, pendant 7 à 8 min. Attention : elles ne doivent jamais se chevaucher. Servez-les bien chaudes avec quelques gouttes de citron et un riz blanc nature.

Variante Si vous ne trouvez pas de citronnelle, remplacez-la par un zeste de pamplemousse haché.

Cabillaud pané à la ciboulette

Pour **4 personnes** | Préparation **5 minutes** | Cuisson **8 minutes**
Difficulté ★ | Coût ●●

- 4 pavés de cabillaud
- 2 bottes de ciboulette
- 2 noix de beurre
- Sel et poivre

1 Salez et poivrez les pavés de cabillaud. Hachez finement la ciboulette et placez-la dans une assiette.

2 Panez les pavés dans la ciboulette en appuyant bien pour faire adhérer.

3 Dans une poêle, à feu modéré, faites mousser le beurre. Mettez-y délicatement les pavés à cuire, pendant 7 à 8 min. Attention : ils ne doivent pas se chevaucher. Retournez-les délicatement avec une spatule pour ne pas les casser. Servez-les bien chauds avec un peu de beurre fondu, quelques gouttes de citron et des pommes vapeur.

Variantes Faites cuire les pavés de cabillaud au four, au four à micro-ondes ou au cuit-vapeur.
Remplacez la ciboulette par d'autres herbes finement hachées : aneth, coriandre, basilic, persil, roquette...

Saumon pané à la citronnelle et aux agrumes

Pour **2 personnes** | Préparation **20 minutes** | Cuisson **8-10 minutes**
Difficulté ★ | Coût ●●

- 2 beaux pavés de saumon frais
- 1 zeste de pamplemousse
- 1 zeste de citron
- 1 zeste d'orange
- 1 zeste de citron vert
- Le jus de 1 citron vert
- 2 tiges de citronnelle fraîche ou surgelée
- 2 échalotes
- 2 tiges d'aneth
- 1 œuf
- 2 noix de beurre
- 2 cuil. à soupe de chapelure
- 10 grains de poivre noir
- Sel

1 Épongez les pavés de saumon dans un torchon propre. Salez-les. Écrasez grossièrement les grains de poivre noir. Hachez finement les zestes, la citronnelle, les échalotes et l'aneth.

2 Dans une assiette, mélangez tous ces ingrédients avec la chapelure. Cassez l'œuf dans une autre assiette et battez-le.

3 Trempez les pavés dans l'œuf. Égouttez-les rapidement, puis panez-les en essayant de bien les enrober, aussi uniformément que possible.

4 Dans une grande poêle, à feu modéré, faites mousser le beurre. Mettez-y délicatement les pavés à cuire, pendant 7 à 8 min, puis retournez-les et laissez cuire encore 2 min. Servez les pavés bien chauds avec quelques gouttes de jus de citron vert et des fenouils sautés à la poêle.

Variantes Cette recette est également délicieuse avec la lotte, la julienne ou la daurade.

Filets de merlan panés aux zestes de citron

Pour **4 personnes** | Préparation **25 minutes** | Cuisson **12 minutes**
Difficulté ★ | Coût ⬤

- 4 filets de merlan
- 1 piment rouge
- 1 citron
- 10 brins de persil plat
- 1 œuf
- 2 noix de beurre
- 3 cuil. à soupe de chapelure grossière
- Farine
- Sel et poivre

1 Préchauffez le four à 210 °C (th. 7). Salez et poivrez les filets de merlan. Prélevez 4 beaux zestes sur le citron. Pressez-le. Ébouillantez-les et hachez-les finement. Hachez aussi le persil et le piment.

2 Dans une assiette, mélangez ces aromates et les zestes à la chapelure. Dans une autre assiette, versez de la farine. Cassez l'œuf dans une troisième assiette et battez-le.

3 Trempez successivement les filets de merlan dans la farine, dans l'œuf et dans le mélange à la chapelure.

4 Beurrez un plat allant au four et placez-y les filets panés. Attention : ils ne doivent pas se chevaucher. Arrosez d'un peu de jus de citron. Enfournez et laissez cuire pendant 12 minutes. Servez avec des épinards au beurre.

Conseil Servez ce plat avec un vin blanc sec d'Anjou.

Julienne frite et panée aux herbes

Pour **4 personnes** | Préparation **5 minutes** | Cuisson **8 minutes**
Difficulté ★ | Coût ⊜ ⊜

- 4 pavés de julienne
- 1 botte de ciboulette
- 1 botte de basilic
- 1 botte d'estragon ou d'aneth
- 1 œuf
- 4 cuil. à soupe de chapelure
- Farine
- Huile
- Sel et poivre

1. Coupez les pavés de julienne en lanières de la taille d'un doigt. Salez et poivrez. Hachez finement toutes les herbes.

2. Dans une assiette, mélangez-les avec la chapelure. Dans une autre assiette, versez de la farine. Cassez l'œuf dans une troisième assiette et battez-le.

3. Faites chauffer de l'huile dans une casserole ou une poêle. Trempez les lanières de julienne dans la farine, dans l'œuf puis dans le mélange à la chapelure.

4. Trempez les lanières par cinq dans la friture. Laissez cuire pendant 2 ou 3 min, égouttez et épongez dans du papier absorbant. Salez et poivrez de nouveau. Faites cuire le reste du poisson de la même manière.

Filet de daurade pané au paprika et à l'estragon

Pour **4 personnes** | Préparation **15 minutes** | Cuisson **15 minutes**
Difficulté ★ | Coût ● ● ●

- 4 filets de daurade avec la peau
- 1 échalote pelée
- 1 petite botte d'estragon
- 1 œuf
- 3 noix de beurre
- 3 cuil. à soupe de chapelure
- Farine
- 5 cl de vin blanc sec
- 3 cuil. à soupe de paprika
- Sel et poivre

1 Salez et poivrez les filets de daurade. Épluchez l'échalote et hachez-la finement. Hachez aussi les feuilles d'estragon.

2 Dans une assiette, mélangez le paprika, la chapelure, l'échalote et l'estragon. Dans une autre assiette, versez de la farine. Cassez l'œuf dans une troisième assiette et battez-le.

3 Préchauffez le four à 210 °C (th. 7). Trempez les filets de daurade, côté peau, dans la farine, dans l'œuf puis dans le mélange à la chapelure.

4 Beurrez un plat allant au four et placez-y les filets de daurade panés. Attention : ils ne doivent pas se chevaucher. Salez et poivrez. Ajoutez le vin blanc. Enfournez et laissez cuire pendant 15 min. Servez avec des poivrons sautés. Vous pouvez décorer le plat avec des fleurs de courge.

Conseil Servez ce filet de daurade avec un vin blanc de Savoie.

Filets de limande panés au four en persillade

Pour **4 personnes** | Préparation **20 minutes** | Cuisson **15 minutes**
Difficulté ★ | Coût ⊜⊜⊜

- 4 beaux filets de limande sans la peau
- 1 petit bouquet de persil plat
- 4 gousses d'ail
- 1 œuf
- 3 noix de beurre
- 3 cuil. à soupe de chapelure
- Farine
- 5 cl de vin blanc sec
- Sel et poivre

1 Épluchez les gousses d'ail et ôtez les germes. Hachez finement l'ail et les feuilles de persil. Préchauffez le four à 210 °C (th. 7).

2 Dans une assiette, mélangez-les avec la chapelure. Dans une autre assiette, versez de la farine. Cassez l'œuf dans une troisième assiette et battez-le. Trempez les filets de limande dans la farine, dans l'œuf puis dans la chapelure à l'ail et au persil. Appuyez bien pour faire adhérer la chapelure.

3 Beurrez un plat allant au four et placez-y les filets de limande panés. Attention : ils ne doivent pas se chevaucher. Salez et poivrez. Ajoutez le vin blanc. Enfournez et laissez cuire pendant 15 min. Servez avec des pâtes fraîches au beurre. Vous pouvez également donner une touche de couleur supplémentaire à vos assiettes avec quelques tomates cuites.

Conseil Les filets de limande sont délicieux servis avec un saumur-champigny.

Poires panées à la cannelle au four

Pour **2 personnes** | Préparation **20 minutes** | Cuisson **10 minutes**
Difficulté ★ | Coût ●

- 2 belles poires mûres à point
- Le jus de 1 citron + quelques gouttes
- Le jus de 1 orange
- 10 biscuits petits beurres
- 1 cuil. à café de cannelle en poudre
- 1 cuil. à soupe de sucre roux
- 1 œuf
- 2 noix de beurre + 4 noisettes

1. Épluchez et évidez les poires. Coupez-les en quatre et citronnez-les. Préchauffez le four à 210 °C (th. 7).

2. Concassez assez finement les biscuits. Dans une assiette, mélangez-les avec la cannelle et le sucre roux. Cassez l'œuf dans une autre assiette et battez-le.

3. Trempez généreusement les poires dans l'œuf battu, puis panez-les complètement avec le mélange aux petits beurres. Veillez à ce que les quartiers de poires soient complètement enrobés.

4. Beurrez un plat allant au four, versez-y le jus des agrumes et placez-y les quartiers de poires. Déposez une noisette de beurre sur chaque morceau de poire. Enfournez et laissez cuire pendant 10 min. Servez les poires bien chaudes avec le jus de cuisson.

Conseil Préparez cette recette avec des poires encore légèrement fermes. Les passe-crassane sont parfaites.

Variantes Vous pouvez aussi préparer cette recette avec des pêches ou des mangues.

Mangues à la poêle panées aux amandes et au rhum

Pour **2 personnes** | Préparation **25 minutes** | Cuisson **5 minutes**
Difficulté ★★ | Coût ⊜⊜

- 4 demi-mangues surgelées
- 1 beau verre de rhum
- 10 tuiles aux amandes
- 1 cuil. à soupe d'amandes effilées
- 1 cuil. à soupe d'amandes en poudre
- 1 cuil. à soupe de sucre glace
- 1 œuf
- 2 belles noix de beurre

1 Faites décongeler les mangues, puis trempez-les dans le rhum pendant quelques minutes.

2 Concassez assez finement les tuiles. Dans une assiette, mélangez-les avec les amandes et le sucre glace. Cassez l'œuf dans une autre assiette et battez-le.

3 Trempez généreusement les mangues préalablement égouttées dans l'œuf battu, puis panez-les avec le mélange aux tuiles. Veillez à ce que les fruits soient complètement et copieusement enrobés.

4 Dans une poêle, faites mousser le beurre. Faites cuire les mangues panées dans le beurre pendant 5 min, en les retournant très délicatement. Disposez-les dans les assiettes de service. Versez le rhum dans une poêle, faites-le bouillir, enflammez-le et versez-le sur les mangues. Servez aussitôt.

Conseils Pour aller vite, la recette est donnée avec des demi-mangues surgelées. Les mangues fraîches conviennent également, à condition qu'elles soient suffisamment mûres. Sinon, la recette est décevante…

Pommes à la poêle panées à la menthe et aux sablés

Pour **2 personnes** | Préparation **10 minutes** | Cuisson **5 minutes**
Difficulté ★ | Coût ◉

- 3 pommes
- Le jus de 1 citron + quelques gouttes
- 25 feuilles de menthe
- 1 verre de muscat
- 10 sablés
- 1 cuil. à soupe de sucre glace
- 1 œuf
- 2 noix de beurre

1. Épluchez et évidez les pommes. Coupez-les en quatre, citronnez-les et versez le verre de muscat par-dessus. Laissez macérer quelques minutes.

2. Pendant ce temps, hachez finement les feuilles de menthe. Concassez assez finement les sablés. Mélangez ces ingrédients dans une assiette avec le sucre glace. Cassez l'œuf dans une autre assiette et battez-le.

3. Trempez généreusement les pommes égouttées dans l'œuf battu, puis panez-les avec le mélange aux sablés et à la menthe. Veillez à ce que les fruits soient très copieusement enrobés.

4. Dans une poêle, faites mousser le beurre. Faites cuire les pommes panées dans le beurre pendant 5 min, en les retournant très délicatement. Ne pas cuire trop chaud, les pommes ne doivent pas trop colorer. Disposez-les dans les assiettes de service. Versez le muscat et le jus de citron dans la poêle. Faites bouillir quelques instants, ajoutez une noix de beurre en fouettant et versez cette sauce sur les pommes. Servez aussitôt.

Variantes Essayez cette recette avec des pommes fuji ou pink lady, fermes et parfumées.

Figues panées au pain d'épice et au frontignan

Pour **2 personnes** | Préparation **10 minutes** | Cuisson **5 minutes** | Repos **48 heures**
Difficulté ★ | Coût ●

- 6 belles figues violettes, mûres à point
- 4 tranches de pain d'épice
- 1 cuil. à soupe de sucre roux
- 1 cuil. à soupe de noisettes en poudre
- 2 pincées de gingembre en poudre
- 2 pincées de quatre-épices
- 1 verre de frontignan
- 1 œuf
- 4 belles noix de beurre + quelques noisettes

1 Deux jours avant de faire la recette, étalez les tranches de pain d'épice sur une grille et laissez-les sécher.

2 Concassez assez finement les tranches de pain d'épice, puis passez-les quelques instants au mixeur avec les noisettes en poudre, le sucre roux, le gingembre et le quatre-épices. Placez cette préparation dans une assiette. Dans une autre assiette, cassez l'œuf et battez-le. Coupez les figues en deux, dans le sens de la hauteur.

3 Trempez généreusement les demi-figues dans l'œuf battu, puis panez-les dans le mélange au pain d'épice. Veillez à ce que les figues soient complètement et copieusement enrobées.

4 Dans une poêle, faites mousser 2 belles noisettes de beurre. Faites cuire les figues panées dans le beurre pendant 5 min, en les retournant très délicatement. Disposez-les dans les assiettes de service. Versez le frontignan dans la poêle, faites bouillir et réduire de moitié. Sortez du feu et ajoutez le reste du beurre en fouettant. Placez cette sauce à côté des figues et servez aussitôt.

Conseils Attention à la maturité des figues : trop mûres, elles s'écrasent en cours de cuisson ; trop fermes, elles n'ont pas de goût.
Pour le décor, saupoudrez l'assiette de quelques noisettes grossièrement concassées.

Poêlée d'ananas pané aux palets bretons et à la vanille

Pour **2 personnes** | Préparation **15 minutes** | Cuisson **5 minutes**
Difficulté ★ | Coût ●

- 4 tranches d'ananas frais de 2 cm d'épaisseur
- 2 gousses de vanille
- 6 palets bretons
- 1 cuil. à soupe de sucre roux
- 1 cuil. à soupe d'amandes en poudre
- 1 œuf
- 3 belles noix de beurre

1. Ôtez le centre des tranches d'ananas avec un emporte-pièce ou un couteau. Coupez les gousses de vanille en deux dans le sens de la longueur et grattez-en l'intérieur pour récupérer les petites graines noires. (Gardez les gousses évidées, pour faire une crème anglaise par exemple.)

2. Concassez assez finement les palets bretons. Dans une assiette, mélangez-les intimement avec le sucre roux, les amandes en poudre et les graines de vanille. Dans une autre assiette, cassez l'œuf et battez-le.

3. Trempez généreusement les tranches d'ananas dans l'œuf battu, puis panez-les dans le mélange aux palets bretons. Veillez à ce que les tranches d'ananas soient complètement et copieusement enrobées.

4. Dans une poêle, faites mousser le beurre. Faites cuire les tranches d'ananas panées dans le beurre pendant 5 min, en les retournant très délicatement. Veillez à ne pas les faire trop colorer. Disposez-les dans les assiettes de service et servez aussitôt car la croûte de panure se défait assez vite lorsque le fruit refroidit.

Pêches panées aux spéculoos et au porto

Pour **4 personnes** | Préparation **20 minutes** | Cuisson **8 minutes**
Difficulté ★ | Coût ⬤

- 2 grosses pêches, 1 jaune et 1 blanche
- 6 spéculoos
- 2 pincées de cannelle en poudre
- 1 cuil. à soupe de sucre roux
- 1 cuil. à soupe d'amandes en poudre
- 1 cuil. à soupe de graines de sésame
- 1 petit verre de porto
- 1 œuf
- 4 belles noix de beurre

1. Plongez quelques instants les pêches dans de l'eau bouillante, puis refroidissez-les aussitôt dans un grand volume d'eau froide. Pelez-les et coupez-les en quatre.

2. Concassez assez finement les spéculoos, puis hachez-les intimement dans un mixeur avec la cannelle, le sucre roux et les amandes en poudre. Ajoutez le sésame, sans le mixer. Placez cette préparation dans une assiette. Dans une autre assiette, cassez l'œuf et battez-le.

3. Trempez généreusement les quartiers de pêche dans l'œuf battu, puis panez-les dans le mélange aux spéculoos. Veillez à ce que les morceaux de pêche soient complètement et copieusement enrobés.

4. Dans une poêle, faites mousser la moitié du beurre. Faites cuire les pêches panées dans le beurre pendant 8 min, en les retournant très délicatement. Attention à ne pas les faire trop colorer. Disposez-les dans les assiettes de service. Versez le porto dans la poêle, faites bouillir et réduire de moitié. Sortez du feu, ajoutez le reste du beurre en fouettant. Placez cette sauce à côté des pêches et servez aussitôt.

© 2008, Hachette Livre (Hachette Pratique), Paris

Tous droits de traduction, d'adaptation et de reproduction, totale ou partielle,
pour quelque usage, par quelque moyen que ce soit, réservés pour tous pays.

L'éditeur utilise des papiers composés de fibres naturelles, renouvelables, recyclables et fabriquées
à partir de bois issus de forêts qui adoptent un système d'aménagement durable. L'éditeur attend également
de ses fournisseurs de papier qu'ils s'inscrivent dans une démarche de certification environnementale reconnue.

Direction : Jean-François Moruzzi
Direction éditoriale : Pierre-Jean Furet
Édition : Christine Martin
Correction : Catherine Schram
Conception intérieure : Patrice Renard
Réalisation intérieure : MCP
Couverture : Bertrand Nicolle
Fabrication : Amélie Latsch

Dépôt légal : janvier 2008
ISBN : 978-2-0162-1102-1
62-66-1102-01-3

Impression : G. Canale & C.S.p.A., Turin (Italie).